Ernesto Taco

CUALQUIER TIEMPO PASADO FUE MEJOR

Ernesto Taco

CUALQUIER TIEMPO PASADO FUE MEJOR

PATRIMONIOS

JustFiction Edition

Imprint
Any brand names and product names mentioned in this book are subject to trademark, brand or patent protection and are trademarks or registered trademarks of their respective holders. The use of brand names, product names, common names, trade names, product descriptions etc. even without a particular marking in this work is in no way to be construed to mean that such names may be regarded as unrestricted in respect of trademark and brand protection legislation and could thus be used by anyone.

Cover image: www.ingimage.com

Publisher:
JustFiction! Edition
is a trademark of
Dodo Books Indian Ocean Ltd., member of the OmniScriptum S.R.L Publishing group
str. A.Russo 15, of. 61, Chisinau-2068, Republic of Moldova Europe
Printed at: see last page
ISBN: 978-620-3-57855-3

EN RELACIÓN AL LIBRO "CUALQUIER TIEMPO PASADO FUE MEJOR"

DEDICATORIA

Por cuanto es necesario rendir un homenaje aquellos valerosos hombres que, por su necesidad de subsistencia, tuvieron que realizar trabajos muy sacrificados: como arrieros en las diferentes actividades de comercio e intercambios, que en aquellas épocas tenían que caminar y cabalgar días y noches por senderos inhóspitos, arriesgando sus vidas y las de sus fieles acémilas que transportaban en sus lomos productos, mercancías y encomiendas.

Vale entonces mi reconocimiento y homenaje a estos hombres de montaña como testimonio histórico de aquellas épocas.

PRÓLOGO.

La presencia europea en tierras americanas trajo consigo sus expresiones culturales, que se manifiesta en costumbres y tradiciones; muchas de ellas aún se mantienen vigentes, entre ellas el idioma, la arquitectura colonial, la religión, la agricultura, la vestimenta y las tradicionales festividades de los santos católicos. Para el pueblo indígena resistente en América las manifestaciones culturales también siguen vigentes, entre las más representativas está los cuatro raymis (fiestas ancestrales) que hace honor a los cuatro elementos de la vida (Tierra, Aire, Agua y Fuego)

La estructura social y cultural de los pueblos americanos es un contraste de sentimientos y pensamientos de los dos mundos, que nos lleva al surgimiento de una identidad cultural renovada, que recoge manifestaciones de dos raíces culturales, a esta dualidad la conocemos como el mestizaje. La concepción filosófica del mestizaje no está en unir las costumbres del pueblo indígena con la del pueblo hispano y afro, el concepto tiene un efecto mayor; que da origen a una nueva identidad cultural con ideas, costumbres, tradiciones, religión y sobre todo un lenguaje de amplia comunicación.

Los habitantes de la provincia Bolívar y su capital Guaranda, herederos de la gran nación de los valientes y aguerridos "Chimbus" nos hemos convertido en los guardianes de los mejores acontecimientos populares de la ciudad, la comunidad y el barrio. La composición literaria que nos redacta el autor, nos remonta a la convivencia social desde fines de la colonia y se detiene en la época republicana, donde los tambos tenían su espléndido apogeo humano.

Los tambos se convirtieron en los lugares de gran concentración de los arrieros, que eran los encargados de abastecer los mercados de la costa y la sierra con productos de cada región. En los tambos se alimentaban y descansaban los muleros y en estos lugares se forjó la memoria oral de los relatos históricos de nuestra vida provincial convertidos en leyendas.

Antes que se construya la carretera denominada "Vía Flores" que toma el nombre por Antonio Flores Jijón, (Presidente de la república que ordenó su construcción), el paso obligado entre la costa y la sierra era por nuestra provincia. Los arrieros o muleros tenían varios frentes de comunicación, la ruta, Chimbo, Magdalena, San Miguel, Balzapamba, Sabaneta, Bodegas. La ruta Guaranda, Santa fe, Monjas, Caluma, Ricaurte. La ruta Chillanes, Cumandá, El triunfo. La ruta Guaranda Echeandía Ventanas, entre otras. Todas estas rutas estaban llenas de tambos (Lugar de descanso)

En la segunda parte de esta importante obra, nos vamos encontrar con una gran variedad de juegos tradicionales propios de nuestra región, en ellos participaban niños y jóvenes hasta desbordar de alegría, unos más expertos que otros, pero siempre en el marco del respeto y la consideración a los demás.

Las celebraciones religiosas como La fiestas de los reyes, el pase del niño, los responsos, las misiones, la semana santa, las pascuas, son fieles relatos que los habitantes de la provincia Bolívar y el país entero recordamos con toda devoción, además en estas fechas la familia se reúne con gran entusiasmo, muchos retornan a su tierra para compartir en familia nuestra tradición.

Los barrios de la ciudad se alegran por la presencia de la juventud, unos que otros son más competitivos que otros, en este caso el autor hace un relato minucioso de las diferentes tradiciones de nuestra tierra, como si construyéramos una telaraña histórica; envuelta de hilos culturales que nos deleitan en el pasado y alimenta nuestro presente, entre ellos tenemos la quema de años viejos, los santos inocentes, las cosechas, las chalidoras, las trillas, los gualos, entre otros.

El documento que lleva como título "Cualquier tiempo pasado fue mejor" escrito por el Profesor Ernesto Taco, profesional de larga trayectoria en el campo educativo, tiene la gentileza de entregarnos un legado para las generaciones del pasado, presente y futuro, este ensayo literario se convierte en una herencia social, que por cierto cabe una advertencia; para quienes no han vivido estas tradiciones pueden encontrar una cierta resistencia, pero para quienes les acompañe la memoria oral de sus congéneres, será un acto de convivencia humana qué jamás se olvidarán.

Dr. Fernando Barragán Medina

CUALQUIER TIEMPO PASADO FUE MEJOR

Prof. ERNESTO TACO NARANJO

El presente no es peor; lo grave es que estamos dando rienda suelta a lo fácil, a lo ligero y del pasado no hay quien diga nada, es por eso que desconocen lo mágico del ayer, de aquellos momentos que disfrutamos para privilegiar la nobleza de nuestro espíritu y contar a las nuevas generaciones del tiempo pasado.

Cuando los conquistadores iban recorriendo nuestro territorio determinaron valles y mecetas para edificar las ciudades, por eso es que nuestras construcciones tienen una influencia española. No hay duda alguna que nuestros aborígenes realizaron varias construcciones, partiendo de las chozas con la utilización de las maderas del medio, la paja, el barro, luego construirían templos y fortalezas utilizando las piedras, los adoquines y molones, también utilizaron el bareque en base al carrizo y el barro), luego utilizaron el adobe, el ladrillo, la teja y el adobón. Todas estas tácticas y materiales fueron aprovechados por los españoles, a esto se suma la mano de obra y las habilidades de nuestros aborígenes y de alguna manera nos beneficiamos de la técnica, de los diseños. Ellos trajeron a buenos arquitectos, surgen entonces la "casas" andaluces con sus patios amplios, con sus piletas, asoman las casas de dos aguas y limatón (3 y 4 caídas) con el soporte de los adobones de un metro de ancho, igualmente con la resistencia de los pilares de eucalipto sobre las basas de piedra de metro cincuenta, allí estaban los corredores como centinelas de las otras habitaciones, estuvieron primero en el sector urbano posteriormente estarían en el sector rural.

LAS QUINTAS

Construcciones especiales ubicadas a la cabecera o al medio de una hectárea de terreno, mandadas a construir para la residencia de ciudadanos privilegiados, fundamentalmente tenían que ser españoles o como ellos muy pudientes, cabe destacar que estaban ubicados en los límites de lo urbano y lo rural. Su construcción era de adobón, habitaciones amplias igualmente sus corredores con pasamanos torneados, sus techos de teja y de limatón (cuatro caídas), en los amplios patios se ubicarían grandes jardines con piletas al medio

LOS TAMBOS

Más tarde en el sector rural en el cruce de los caminos (cuatros esquinas), se construyeron los famosos Tambos, el propietario tenían que ser muy pudiente toda vez que sus construcciones eran casas muy grandes de limatón (cuatro caídas), sus cuartos debían ser muy grandes, igualmente sus corredores casi en torno a la casa, en la parte superior estaban los famosos soberados, tenían bigas muy grandes para soportar el peso de los trojes de granos de las cosechas. En torna toda la casa en la parte de atrás se construían corrales de tres adobones de alto en un área de trecientos metros, prácticamente toda una fortaleza.

Estas construcciones asoman a Finales de la Colonia, de alguna manera eran lugares de descanso y de alimentación, para las caravanas que se conectaban entre la sierra y la costa. Mas tarde a inicios de la vida republicana empieza su notoriedad, cuando surge el intercambio de productos entre la costa y la sierra. El comercio ya a gran escala, son los arrieros que en grandes caravanas comercializan los productos, por lo tanto, necesitaban de varios días para sus viajes, debiendo ganarle a la noche para avanzar a los tambos para pernoctar, allí recibirán alimentos para los arrieros, igualmente alimento y descanso para los mulares, para en el siguiente día continuar el viaje.

Al trascurrir el tiempo ya en las décadas de los años veinte y treinta con la construcción del ferrocarril y la llegada de los primeros camiones, paulatinamente van desapareciendo las actividades comerciales en mulares, y que decir de la suerte que corrían los famosos ''tambos'' practicante caen en el olvido, en esas épocas no se conocía la palabra patrimonio, hay algunas evidencias y quedan en la memoria colectiva los recuerdos de estos bellos lugares donde se contaban una y más historias y anécdotas de los sacrificados viajes.

LOS RECIOS

Tantos viajes, tantas semanas, tantas historias de un pasado de ese hombre de las alturas, de las montañas. Capaces de soportar los calores de la costa y apoco tiempo los fríos de los páramos. Casi todos eran amigos y conocidos.

La verdad que eran recios; de pies firmes, de pantorrillas formadas, de piernas y caderas gruesas, estos buenos hombres que devoraban distancias; que llevaban y traían noticias, que creaban expectativas y tenían en vela a los señores de la cuidad, impacientes a la llegada de tan ansiada y delicada mercadería (santos, vestuarios finos, aparatos de música; las vitrolas, los pianos, las pianolas, casimires ingleses, sombreros Borsalinos, en fin) que llegaban al puerto en cajas, en piezas, desarmados; para luego en lanchas ser trasladados por el río Babahoyo hasta bodegas (hoy Babahoyo). Allí estaban las caravanas de muleros y arrieros como decían más que el valor del flete estaba la honorabilidad de estos buenos hombres; fuertes, ''machos'' malo decir: como las acémilas y como decían entre amigos: ¡carajo…! (buen burro para el cruce con una buena yegua): podría salir un buen macho o una mula, todo depende del ''pollino''. pero si no crees alza el rabo y mira… estas acémilas soportan los viajes, trepaban la cordillera en pleno invierno; así de recios como sus arrieros que cruzaban los aciales por las entrepiernas y en muchos casos se ponían la machica para el escaldado, carajo… ¡estos sí que son fuertes ¡miren… comentaban los que veían pasar: puestos las botas o alpargatas, con zamarros de caucho, y ponchos de aguas, la funda de aguas en el sombrero: que soporte, que diferentes, que recios… ¡

LOS CORREDORES ROMANTICOS

Les recuerdo que, en el sector urbano, en el casco colonial todavía existen las casas con sus corredores de madera y pasamanos torneados, en el interior sus patios amplios y empedrados, sus piletas., es allí donde podríamos decir se escucha el vibrar de sus conversaciones, queda allí el éco de las tertulias; todavía se escucha el crujir de los entablados del ir y venir de los caminantes conversando de los hechos importantes. Muchos se privilegiaba el porvenir familiar, ya llegada la noche caía muy bien un café pastuso de pura pepa; más claro mezclado con habas tostadas, ya cuando se molía en el molino de mano se disfrutaba de su aroma (también la chuspa para sacar la buena esencia), no faltaban las agüitas aromáticas. Estas buenas convivencias de las tardes, reunián a los buenos vecinos y los familiares o los amigos de la casa. Ya caída la tarde se encendían los candelabros (a inicios del siglo XX la energía eléctrica tardaría en llagar). Los temas de conversación eran variadas, el conversar de política era apasionante, aunque las noticias llegaban por correo o telegramas, tener una radio de transistores era un privilegio.

Las tertulias desde el inicio de la vida republicana, sería la política el tema central, muchos se alineaban en uno de los dos partidos existentes (los conservadores o liberales), tocaban el tema de la intromisión de la iglesia en el gobierno. Este vaivén político de alguna manera dependía de los grupos.

 Las tertulias eran elocuentes, los temas variados; la política, la religión, lo social, el nombramiento de autoridades, sus posicionamientos, los condicionamientos, el control político de los ciudadanos eran evidentes, los románticos corredores y amplias salas de las famosas casas en torno al parque.

LOS TAMBOS Y SUS CONVIVENCIAS

No caben dudas que estos lugares fabulosos pertenecían a la gente muy pudiente, de alguna manera estaban ubicados en lugares estratégicos, en el cruce vial donde se conectaban los caminos de la costa y de la sierra, caminos que no era otra cosa que chaquiñanes ampliados, en la década de los 20-30 y 40 se estableció la conscripción vial, a ellos se sumaban las mingas comunitarias para adecentar estas vías. El tránsito de los grupos de los arrieros, de los comerciantes, los correos, los encomenderos, eran semanales muy activos; ya en las tardes, al caer la noche iban llegando varios grupos, los ya conocidos, ya de confianza que pasaban directo a los corrales; bajaban de los mulares los bultos para ponerlos en los corredores sobre las bancas largas, en las pesebreras estaban los abrevaderos y comedores de los mulares. Los arrieros iban directo a la cocina, entre bromas preguntaban por el menú, (tortillas al tiesto con relleno de queso y papa con café pastuso, el famoso caldo de gallina o el estofado de borrego, también tenían el rico cariucho con queso y carne asada, toda una delicia) …. Prácticamente todos en torno al fogón de la amplia cocina de leña. Luego un tabaco de envolver (el dorado) que ayudaba a la digestión para luego ir a dormir en los cuartos grandes sobre esteras y colchones de paja, casi en cama general; allí previamente se establecían tertulias, contaban anécdotas para luego caer en los brazos de Morfeo hasta las 2 o 3 de la madrugada hora de retomar el viaje, unos hacia la sierra y otros hacia la costa, por supuesto luego de cancelar del consumo de hospedaje , igualmente de las acémilas, todos se despedían muy amablemente hasta la próxima semana, el dueño del tambo los daba unas palmaditas …. cuídense mucho…

Tendrán cuidado y que les vaya bien. ¡Todavía a oscuras, tan solo unas cuantas mariposas perturbaban las mechas de los candiles y las bolas de cebo que eran los testigos de la salida de los sacrificados arrieros…!

LA DECADENCIA DE LOS TAMBOS

La llegada de la otra época (la revolución industrial), el advenimiento de las máquinas, los primeros automóviles, los primeros camiones prácticamente irían desplazando el trabajo de los mulares y arrieros. Pasarían a dar servicio en el campo, al traslado de los productos del campo a la ciudad.

Las sombras de las noches envolvían a los tambos en una tremenda soledad sentenciado su desaparición y muerte.

Para los propietarios un duro golpe perder estos emprendimientos, "pero no hay mal que por bien no venga", de alguna manera, acumularon ganancias, muchos de ellos irían a otras ciudades adquirieron algunas propiedades pondrían otros negocios y lo que es más se empeñaron en dar la educación a sus hijos, lo grave es la triste suerte de los tambos, estas construcciones grandiosas en la mayoría de los casos quedarían abandonadas a merced del tiempo, en esa época se desconocía el término "patrimonio"

LOS TAMBOS DE LA CONVIVENCIA FAMILIAR

Como decíamos, la casa grande de limatón con cuatro caídas de agua, de grandes cuartos y los amplios corredores a la calle con pilares de eucalipto macizos sobre las basas de piedras de metro y medio que soportaban los aleros de las casas, que decir de las paredes de metro de ancho igual sus soberados entablados sobre gruesas bigas para soportar el peso de los trojes de granos. Que decir de los corrales de tres adobones de alto, daban el aspecto de grandes fortalezas muy importantes……….

En la tarde, después de las jornadas de trabajo era una linda costumbre reunir a la familia que por cierto en esas épocas era muy numerosa (era norma tener por lo menos seis hijos.)

LOS COCOLONES DE LA FAMILIA

Cabe destacar que en esa época no había el control de la natalidad, era un lujo decíamos tener doce hijos o por lo menos seis (la abundante producción agrícola y la crianza de aves y ganado era más que sufriente para alimentarse bien), de igual manera vendrían los nietos que serían los mete bullas y los que alegrarían la casa grande.

La residencia de los abuelos eran los tambos, precisamente en cuatro esquinas y las casas de los hijos estarían a 100 o 200 metros.

La convivencia seria motivada por la abuela, quien ordenaba a la empleada que todas las tardes haga el cocolón, precisamente en la olla grande de hierro enlozado ; al arroz asentado le arrojarían una buena porción de manteca de chancho que nunca faltaba, mece que mece el cocolón hasta que se dore y se ponga trocante (una Felicidad), ya a las cinco de la tarde iban llegando los nietecitos vecinos de 4 añitos en adelante, unos llevaban unas tacitas, otros simplemente unían sus manitas para recibir su porción, los corredores estaban llenos , el ambiente era muy alegre (la casa llena) , luego iban llegando los mayores para complementar el ambiente familiar; luego del saludo los empleados ofrecían un cafecito pastuso solo o acompañado de una rica tortilla. En otros días se ofrecía un buen chocolate con queso tierno (pero no faltaba que alguien reafirmaría "a mí me gusta el chocolate espeso y las cuentas claras"). Esta buena convivencia era casi diaria sepan ustedes que la merienda era hasta las seis, luego irían de visita a los abuelos, la tertulia diaria era importante; en estas conversaciones los temas eran variados de índole social, político, religioso y por su puesto se hablaba de temas familiares (el candil y las mechas de cebo ubicadas en pedestales sobre pilares ya hacían su aparición), criticas sanas sobre algunos errores, sobre rumores de amoríos de los jóvenes, sobre las finanzas. El tiempo de estas reuniones más o menos duraban unas dos o tres horas, en muchos casos quedaban temas pendientes.

Las convivencias consolidaban al grupo familiar, no se dejaban pasar los festejos de los santos, los onomásticos, la planificación de las romerías, los priostazgos. De igual manera la planificación de las siembras, las cosechas, se organizaban las santas misiones (el cura en el pulpito daba los anuncios), se fijaban fechas, se hablaba de la compra de las primicias, puesto que era una disposición de la iglesia que establecía la obligatoriedad de entregar las raciones sopena de no ser castigados.

Prácticamente el "Tambo" era el centro de información, igualmente el lugar de descanso de los caminantes, su ubicación permitía una convivencia comunitaria.

Prácticamente las ambiciones personales de los herederos al morir los mayores han sido factores predominantes para su desaparición, nuestras autoridades no han dicho ni hecho nada para conservarlos, peor de un inventario de nuestros bienes patrimoniales tanto urbanos como rurales. Una situación muy preocupante al perderse parte de nuestra historia e identidad.

CAPITULO II

LOS NIÑOS Y LAS CONVIVENCIAS EN LOS TAMBOS

Si en los tambos había una convivencia familiar, de suponer que allí estuvieron los niños, los adolescentes, los jóvenes, ellos estuvieron todas las tardes y las noches concurrían a las cuatro esquinas y su presencia era el toque mágico de los tambos, sus reuniones sus juegos tradicionales, sus gritos y murmullos era la tónica (los primos de varias edades.) prácticamente la alegría y la vida del sector. Puesto que la luz de los candiles era muy baja, alguien del grupo que eran talvez el líder, invitaba a que se traslade cargas de paja de las eras para ubicarlos en la esquina del cruce de los caminos, igualmente cada uno enterraba un sambo en los montones. Entonces serian la gran fogata que iluminaba el sector y permitía empezar con los juegos tradicionales como:

LAS OLLITAS ENCANTADAS

un buen primo dividió equitativamente a los niños (por edad y tamaño); dos niños de cada grupo se ponían en cunclillas y con las manos cruzadas por debajo de las piernas, tratando que el peso de su cuerpo se aplome al piso, dos niños del otro grupo, uno tomará por los brazos para trasladarlo a la ollita a una distancia de 10 metros, si lo han logrado hacerlo van acumulando las ollitas (lo hacen en turnos cada grupo), este jueguito duraría más o menos media hora, los ganadores acumulan puntos para su grupo.

LAS CEBOLLITAS

Igualmente, cada grupo siembra cuatro cebollitas (lo más gordos), luego dos niños lo toman por los brazos para arrancar las cebollitas, moviéndoles de lado a lado hasta lograr virarlos, luego ponerles a dos metros del lugar (el entusiasmo de las barras es fundamental), luego se cuenta las cebollitas y se declara al ganador).
¿QUIEN ES?...........
¿Los integrantes de cada grupo son designados con un color, el jefe de cada grupo (agarrados de las manos de todos los integrantes), se aproximan al otro grupo y simulan golpear la puerta, el otro jefe del grupo contesta ………quien es……?
…………el otro …la vieja Inés………….

…………el otro …que desea?

…………el otro …un color

………el otro…. que color?

………el otro …azul

De existir será llevado al otro bando. De esta manera intentaran adivinar los colores, que previamente pueden estar escritos en un papel y estará en el bolsillo y al final se puede comprobar si hicieron trampas, luego le tocará el turno al otro grupo que lo hará en idéntica forma, el ganador acumulará puntos, de esta manera se determinara al ganado.

MANTATIRO TIRULAN….

Igualmente se establecen dos grupos y se sortean para ver quién va primero, se establece unos 10 metros de distancia para el vaivén……

-uno- buenos días mi señorío, matan tiru tirulán….

-otro-que desea mi señorío, matan tiru tirulán ….

-Uno- a uno de sus chicos matan tiru tirulán ….

-Otro- a cuál de ellos lo desean matan mantantirunn tirulán ….

-Uno- deseamos al niño Carlitos, mantantirunn tirulán ….

-Otro- en que oficio lo pondrían, mantantirun tirulán …

-Uno- en el oficio de tasca hueso, mantantiru tirun tirulán …

-Otro- (consulta previamente el gusto del niño en mención,

es la estrategia), ese oficio no le gusta mantantirun tiru tirulán

-Uno- igualmente consultan la estrategia, en oficio de Dr. mantantirun tirulán

-otro- ese oficio si le gusta, mantan tirun tirulán ……..

(en ese instante el niño será transferido, de esa manera continúan el juego por unos 40 minutos, hasta lograr llevarse más niños cada grupo deberá descubrir las estrategias.

JUGUEMOS EN EL BOSQUE

¿Previamente se establecen dos grupos (alternadamente de cada grupo saldrá el lobo), el líder del grupo tomará la mano de sus integrantes para dar inicio al juego--- juguemos en el bosque hasta que el lobo esté… qué estás haciendo lobito...?

El lobo… me estoy despertando (siempre oculto)

¿El coro … qué estás haciendo lobito...?

El lobo… me estoy vistiendo…

El líder y sus aliados. …juguemos en el bosque hasta que el lobo esté ….

¿Qué estás haciendo lobito?

El lobo.

Estoy amarrándome los zapatos.

El líder y sus aliados; juguemos en el bosque hasta que el lobo esté ….

¿Qué estás haciendo lobito...?

El lobo.

Estoy abriendo la puerta

El líder y sus aliados… juguemos en el bosque hasta que el lobo esté luego entero nos comerá

 ¿Qué estás haciendo lobito…?

El lobo (muy engreído y astuto) …….

voy tras de ustedes para comerles.

Todos los niños corren despavoridos para ponerse a buen recaudado (las estrategias del lobo es tocarlos a la mayoría). Luego interviene el otro grupo, el lobo será el líder de los niños atrapados. El triunfador es el que más niños tenga a su lado.

EL MARRON

Previamente con cáñamos y papel se confecciona una pelota que quepa en la palma de la mano; se establece un grupo de unos diez niños para cada bando para adjudicarle el marrón se sorteara con pares o nones.

Luego se determina el pilar del corredor como puesto de auxilio o salvamento. Se establece un círculo a una distancia de 20 metros del puesto de auxilio. El juego es, que el grupo que tiene el marrón obstaculizarán la llegada al pilar y si ha sido tocado por la pelota ha sido anulado (los participantes siempre alegres gritarán el ole…¡, las vivas), luego de unos 20 minutos se contabilizarán los niños que lograron llegar al puesto de auxilio, luego se cambia e interviene el otro grupo, al final el que logra que menos niños lleguen al puesto de auxilio es el ganador.

EL PAN CALIENTE

Igualmente se conforman grupos de 10 niños; la dinámica del juego consiste que una moneda o algún objeto pequeño es el pan caliente y se establece una área de unos cuatro metros cuadrados: el equipo # 1 esconde el pan caliente y el equipo # 2 trata de encontrarlo en el menor tiempo posible (hasta contar 100), caso contrario pierde y tendrá que intervenir el #2; cabe destacar que mientras buscan el pan caliente, el otro grupo siempre los animará con la palabra "caliente, Caliente" (las barras son fundamentales), en algunos casos aciertan en otros no.

EL FLORÓN

Se forma un círculo con muchos participantes, muy pegados y con las manos atrás; un niño o niña previamente ha sido designado como florón, del centro del grupo saldrá hacia fuera y a paso rápido pasará por detrás de sus compañeros pasando el florón por las manos siempre pronunciando el florón está en mis manos, cuando haya entregado el Florón; -- de mis manos ya pasó (por lo regular siempre es una correa), -- Quién tiene el florón…? El tenedor del florón de inmediato con correa en mano seguirá al compañero de su derecha, quien en precipitada carrera dará la vuelta al círculo hasta llegar a su puesto y luego pasará al centro a indicar el florón para luego dirigirse atrás, luego al trote irá igualmente mencionando que el florón está en sus manos (iden al anterior hasta que todos los integrantes hayan poseído el florón).

EL SIN QUE TE ROSE.

Un juego con una dinámica muy rápida y atlética; del grupo se sorteará a un chico que servirá de base (el Permanecerá un tanto inclinado con la cabeza hacia adelante). Los otros participantes a una distancia de unos 20 metros estarán encolumnados y con mucha agilidad pasarán por encima del niño base (caso de fallar o no cumplir con los requisitos de cada salto, pasarán a ser la base para continuar con el juego)

Entonces partimos con:

- primera sin que te rose (iden a lo enunciado)
- Segunda que se te hunda (con la mano hundirá la espalda)
- Tercera rodilla en tierra (caer con la rodilla en la Tierra)
- Cuarta que se te parta (con las dos manos unidas partirá la espalda)
- Quinta mi espuelita inca (el niño base se pondrá atravesado), el que salta con el talón topará la nalga pronunciando mi espuelita inca.
- Sexta, chúpate esta (cuando salta sobre el niño base con sus manos golpeará el trasero). Como nos damos cuenta, los juegos ya no solo eran nocturnos, muchos de ellos se realizaban en las tardes, cuando los padres salían a la feria a la ciudad, los sábados y Domingos, claro está después de misa.

LOS CUSHPIS

Fundamentalmente es un juego que asomó en el campo; los adolescentes luego de su jornada de trabajo, con machete en mano cortaban una rama de capulí, luego por la parte más gruesa lo iban dando forma a un trompo en forma rústica con una cabeza grande, evidentemente lograban dar la figura, luego desde la cabeza lo iban envolviendo con una soguilla que al final tenía amarrado un palito que daba la forma de un látigo, luego lo lanzaban al piso a que bailara y a puro latigazos lo mantenían bailando, dependiendo de la habilidad para mantenerlo por más tiempo con vida (se establecían igualmente concursos), por eso era que en el campo les advertían a sus hijos a que no cometieran errores, caso contrario los harían bailar con el látigo como a un "Cushpi".

LOS TROMPOS

Es un juego muy antiguo, estuvo primero la perinola, luego vendrían nuestros trompos ancestrales realizados por nuestros artesanos, aquellos maestros que armaban los pasamanos de nuestras casas coloniales, realmente muchos se disputaban y acreditaban de ser los mejores. Nosotros en el medio conocimos a los buenos tromperos: la marca Plutarco, marca Mazón, los de puyún Guayaquileño; teníamos mucha paciencia de pasarnos horas con el trompo en mano para ir raspando sobre un ladrillo hasta que el puyún quede "Cedita" para que baile en la palma de la mano. Al hacerlo bailar en la mano o en un buen entablado se dormían. Tanta era la afición por los trompos que muchos coleccionaban, igualmente unos enseñaban ciertos trucos y las habilidades para hacerlos bailar; el baile en la piola, hacerle saltar varios metros, hacer la capa del toro, ¡en fin… !, era un privilegio tener un buen trompo. Hoy nos queda los recuerdos de aquellos tiempos donde privilegiaban las tradiciones que son parte de nuestra identidad.

LAS COMPETENCIAS DE LOS TROMPOS

Los tiempos y los lugares propicios eran los recreos, o a las salidas de clases, los jóvenes se dirigían a las plazas o a las calles menos transitadas y que en esa época eran de tierra: se establecían las bases y requisitos para inscribirse para las competencias; al trompo que más saltaba, - al que más tiempo bailaba, - se jugaba para sacar las monedas de la bomba, - luego estaban los concursos de las habilidades, la capa del toro, los deslizamientos por la piola y otras emociones. Todas estas competencias congregaban a muchos curiosos, pero el más sobresaliente era el juego del carneruto; nada más y nada menos que el perdedor de alguna competencia se tendería en el suelo, de allí los buenos tromperos los arriaban haciendo saltar a sus trompos para llevarlo a una distancia de 100 metros, cabe destacar que en las saltadas de los trompos tenía que caer el trompo bailando, luego lo tomaban en la palma de la mano para arriarlo al maltrecho trompo hacia su destino, miren ustedes que desde las cinco de la tarde que terminaban las clases, llegaban al carneruto al obscurecer la tarde (allí estaba el círculo), era el "carneruto"; lograban meterlo y la única satisfacción era tener derecho a 40 puyunazos; el propietario del trompo ya lloraba, pero resignado veía como destruían su trompo, iban destruyendo la cabeza y el cuerpo era puro hoyos, ya no había espacio para otro puyunazo (era el triunfo de los buenos tromperos), tiempos aquellos …..!

LAS CANICAS

Las bolas era el nombre común, existían de varios colores y tamaños y podríamos comprarlas en la tienda grande del parque, allí se exhibían en grandes pomos de vidrios (muy elegantes, muy llamativas, muchos las coleccionaban), de todas ellas había que elegir la tiradora.

En las plazas, en los patios, en las calles, en cualquier lugar se trazaba el círculo (bastarían 2 personas), allí cada jugador arrojaba mínimo 4 bolas; se ponían a una distancia de unos

10 metros; los jugadores debían arrodillarse para asentar las manos en el suelo para tingar (el que más se acercaba a la bomba continuaba o si sacaba alguna bola del círculo), también establecían estrategias para pescarle al que fallaba. Este juego podría durar horas y horas; los unos con los bolsillos llenos y los otros con los bolsillos vacíos. (muy picados compraban al adversario algunas bolas).

En todo caso los dos reales de la colación del recreo servían para adquirir más bolitas (muchos se jactaban de ser buenos tingadores, muchos eran hasta zurdos), que en muchos casos rompían o por lo menos despostillaban las bolitas de vidrio….

LOS BILLUSOS

En aquellos tiempos había buenos fumadores y todas las envolturas eran finas, muy atractivas (el ful blanco, el dorado, el Chester, el luky), las envolturas internas eran plateadas o celofán blanco. Para recolectarlos había que hacerse amigo de los buenos fumadores y de las cantineras a quienes les rogaban que cuando barran les guarden las envolturas, en muchos de los casos los sacaban de los tachos de la basura.

No era de sorprenderse a los que les gustaban este juego, disponían de paquetes de hasta 100 envolturas a las que iban sumando los billusos que ganaban en el juego.

Igualmente se trazaba un círculo en el piso, en la cancha de la escuela o en cualquier lugar plano;

Cada jugador ponía dos billusos en la bomba (cabe destacar que estaban muy dobladitos y planchados), luego se trazaba una línea a 10 o 15 metros para lanzar la chanta (al principio era un ladrillito cuadrado de un espesor de 2 cm, luego descubrieron que era más suave y efectivo los tacos de caucho de los zapatos, a veces desprendían de sus zapatos tacos buenos, el que más se acercaba a la bomba tenía el turno y empezaba a sacar los billusos y si fallaba continuaba su adversario, igualmente era un juego picado y a veces el perdedor compraba a su adversario algunos billusos. ¡Lo grandioso del juego era como atesoraban y con qué delicadeza doblaban para guardar los billusos, eran sus bolsillos traseros de sus pantalones donde conservaban dobladitos…!

LOS COCOS

Este juego tenía algo de particular: se jugaban solo en una temporada (dos semanas antes y dos después de los finados), igualmente jugaban solo los adultos, los coquitos pequeños se compraban en la tienda grande del parque, cada jugador se proveía de sus cocos y las tiradoras eran confeccionadas por los buenos artesanos del bronce; eran ovaladas similares a una mandarina medias achatadas en los polos, eran cóncavas y tenían una tapita para una vez que se llenada de municiones cerrarla.

Ya en el juego en una plaza grande o en una calle amplia se trazaba un círculo de un metro y medio de diámetro, se formaban las parejas hasta tres, podría entrar uno solo el "Guaccho" (o el solitario) que ponía el doble de la apuesta, la línea de donde se lanzaba la tiradora, estaba a una distancia de 40 metros; de ahí que debía tener un buen espacio.

Cada pareja en una parte de la bomba trazaba una media luna pequeña donde colocaban los billetes de a cinco sucres que era la apuesta de cada uno, igualmente tenían que sacar por lo menos 20 cocos para defender su apuesta.

Luego se sorteaba pares o nones para la salida del primero y así sucesivamente. Muchos jugadores tenían buenas destrezas para empinar sus tiradores para que caigan justo al filo de la bomba, otros de una pasaban sacando varios cocos. En todo caso cada pareja establecía sus estrategias tanto para cumular muchos coquitos, o para protegerse entre sí para evitar ser alcanzado por sus adversarios; los ganadores debían por lo menos haber sacado 80 o sobre 100 coquitos o haber anulado a sus adversarios, al final venían los arreglos.

LAS RAYUELAS

Este gran entretenimiento siempre fue tildado por los mayores; les gritaban a las niñas--: las "carishinas", les fastidiaba al verlas saltar en un solo pie--, tan solo por ganarse una "casa", ese era el premio a los jugadores de la rayuela al no cometer ningún error. Este juego se remonta a muchas décadas atrás, en este juego podrían participar varios jóvenes, lo importante era tener su "chanta" (de ladrillo muy pulido a un taco de caucho viejo), la rayuela se rayaba generalmente en las calles, en las canchas, en los caminos; lo hacían con ladrillos, con tizas. En muchos de los casos y para que perdure lo hacían con un pico (en los caminos).

Existían varias formas y contenidos; unas muy simples o muy complejas y con varios nombres.

El juego consistía en lanzar la chanta a la primera casilla (de abajo hacia arriba), luego saltando en un solo pie, sacar la chanta afuera; en algunos casos deben ir casilla por casilla, si la chanta cae en una línea perderá el turno; había buenos jugadores que al no cometer errores culminaban rápidamente en la cúspide, lógicamente iba marcando su "casa" donde podía descansar (era prohibido pisar la casa ajena), o que la chanta se quede en casa ajena. El triunfador de la rayuela es el que más casas ha logrado en el juego.

LAS NOCHES DE LUNA Y LOS ROMÁNTICOS TAMBOS

A la luz de los candiles en los pilares de los corredores, al calor de las tertulias y la luna como testiga de los románticos, luego de una pausa para un sorbito del café pastuso, empiezo a contarles de lo mágico de un pasado excelente….!

Los mayores en los corredores: muy tranquilos en sus tertulias, mientras los niños y jóvenes en torno al tambo jugaban hasta no poder (daban inicio a la gran fogata de la paja de la trilla y el entierro de los sambos), cabe destacar que era una gran costumbre el entierro de un sambo por familia, para al siguiente día retirarlo y llevarlo a casa; la madre de la casa rompía la corteza, ponía un litro de leche, un poquito de raspadura, vaya a ver que aroma, que delicia para el desayuno, riiicooo….!

De pronto alguien irrumpió por un costado del camino de atrás; era de mediana estatura, cubierto completamente de blanco, avanzaba paulatinamente; todos trémulos, pero más los niños, algunos de los niños del tremendo susto casi se orinaban en los pantalones. Alguien debía enfrentarlo (el supuesto aparecido se acercaba), pero de pronto la supuesta almita se dio cuenta que estaba a punto de ser descubierta y rápidamente se quita la sábana y dijo --: perdón…! ¡Perdón…!

-- Era una bromita…, (luego le cayeron todos encima para darle capote).

En todo caso fue el comienzo para que los adultos y jóvenes contaran cuentos y leyendas. (de alguna manera los niños tenían muchos temores)

LA BELLA DAMA DE LA CARRETERA

Desde los corredores del tambo les llamaron a los niños y jóvenes---: vengan, acérquense y escuchen (sería mi Don el que daba inicio). Hace un tiempo atrás era un gran negocio de transportar naranjas desde Caluma hasta Ambato; los camioneros compraban la cosecha, pero el éxito del negocio estaba en realizar por lo menos 3 carradas en 24 horas, solo viajaban el chofer y el propietario del camión; el último viaje solía salir a las 7 de la noche de Caluma para a las 3 o 4 de la mañana llegar a la plaza de Ambato. Los comerciantes minoristas compran por cientos toda la carrada, pero la competencia de los camioneros no daba tiempo ni para comer, ni para bajarse a orinar, así pasaban la temporada prácticamente en la carretera.

Cuentan que en una ocasión al dueño del camión le dio una tremenda diarrea que prácticamente le duró todo el trayecto; pero el dueño, muy ávaro le decía al chofer---, ¡no pare…! Dele largo, tenemos que avanzar a la hora precisa a la plaza de Ambato. ¡Pero asómbrense que el muy audaz…!, cada vez que le venía la diarrea; abría la puerta de la cabina del camión y sacaba el trasero al aire y puuuuunnn…! (todos gozaron de lo contado), luego otro adulto dijo---, eso es nada: todos estos camioneros eran medios raros, su ambición era poderosa, ¡igualmente al señor dueño le cogió un dolor de muela desde que salió de Caluma, terrible…! ¡Pero le dijo al chofer, dele largo…! (todo el trayecto gritaba de dolor), con el playo contaba el chofer trataba de sacarse la muela--, hasta maldecía a su madre, cuenta que escupía sangre; ¡pero decía dele largo…!, nos puede ganar otro camión.

Llegaron a la plaza de Ambato ---; un comerciante de las naranjas, era un mayorista y le dijo --: cuántos miles viene, el dueño le respondió--; son 15 mil, el comerciante le dijo ---: le pago 2.000 sucres por la carrada, el dueño le dijo---: le puedo dejar en 2.500 y es todo suyo, luego el comerciante replicó---: quedemos en 2.300 y no se ha dicho nada.

El caso es que pactaron y mientras bajaban las naranjas el dueño le dijo al chofer--, venga ayúdeme, este rato y a esas horas que dentista, mire --: yo, con esta piola le amarro a la puerta de la ventana, igualmente voy a sujetarle a la muela, al contar 3 usted tira fuertemente la puerta…, La verdad que este caso de avaricia e ignorancia le dio resultado: sangró, pero luego dijo al chofer --, ya terminan de baldear las naranjas y nos regresamos de inmediato a Caluma, no sea cosa que nos gane el otro camión, no sea malito; dele largo…!.

Otro adulto, aprovechando la atención de los asistentes dijo--, esto es cierto y no es cuento--; estos chofercitos siempre han sido muy querendones, muy coquetos …!, cuentan que el subía de viaje con el camión muy cargado, el dueño estaba como siempre bien dormido en el asiento de atrás de la cabina (roncaba).

Dicen que, a la altura del arenal, la noche clarita con la luz de la luna a la altura del Chimborazo. De pronto asomó una linda mujer al filo de la carretera; de pelo largo, alta; ella hizo señas que parara y le llevara, él paró el camión y como siempre le puso al lado izquierdo, muy entusiasta siguió conduciendo, luego le dijo--, ¿por qué a esta hora solita y en este lugar…?, ella contestó., vine en otro camión, pero el chofer quiso abusar de mí y no le permití, el muy infeliz me bajó. El conductor se sintió muy compadecido algo habló en contra de su colega, pero entre conversa y conversa le declaró su amor hasta le prestó su chompa para el frío. Ante su declaración de amor, ella le dijo que si estaba interesada pero que en el próximo pueblo le dejara y que mañana a las doce del día le esperaba en el centro del cementerio de Guanujo, él le dijo --, ¿seguro…?, ella le dijo ---, mejor no me falle, a las doce en punto le espero, allí le devuelvo su chompa, no me falle…!

El chofer camionero dejó la carga en la plaza de Ambato para de inmediato retornar a Guaranda, muy emocionado para no fallar a la cita de las doce del día en el centro del cementerio de Guanujo. En efecto, ya eran cerca de las 12 y apresuradamente fue al centro del cementerio, con su mirada fija y girando paulatinamente su cuerpo observó por todo el cementerio a ver si asomara la bella dama de anoche, pero no vio a nadie …, dio algunas vueltas y de pronto casi trémulo observó su chompa sobre una cruz; fue al lugar, tomó su chompa con asombro…, miró en el entorno y no vio a nadie, en la cruz estaba un nombre y una fecha, luego recordó que el nombre correspondía a la señora que hace meses atrás fue asesinada por su esposo, un chofer que en un arrebato de celos cometió el delito. Su almita estaba en pena y les perseguía a los choferes.

LAS TERTULIAS EN LOS TAMBOS

Claro que han pasado muchos años cuando los tambos eran lugares de convivencia, como nos duele su extinción. Reconstruímos algunas historias gracias a la "memoria Colectiva".

El siguiente cuento estuvo a punto de perderse y gracias a varias investigaciones hemos podido rescatarlo. Cuentan los mayores que hace años atrás había mucha abundancia, las tierras producían para todos, todos sembraban, todos comían bien; la madre tierra no negaba los alimentos; los agricultores llenaban los mercados con productos sanos (los niños y jóvenes escuchaban muy atentos). En esas épocas no había abonos químicos; las formas de cultivar sanamente se transmitían de generación en generación.

-Las siembras de productos eran alternadas.

- Cada año se cambiaba de cultivos.

-En los solares se cultivaban dos años seguidos.

-Al tercer año no se sembraba (la tierra descansaba)

Era un espacio de tiempo para tener allí a los animales para abonar el terreno. Alguien dijo--, es una gran realidad; buenos terrenos, buenos abonos, el clima no variaba: en octubre las primeras lluvias, las primeras siembras de maíz, habas, fréjoles, noviembre, diciembre llovía poco para que nazcan las semillas, febrero siembra de los trigos y cebadas. Marzo y abril la presencia de lluvias; Mayo, junio y Julio era la primavera, maduración de los frutos; Agosto y septiembre las cosechas.

LOS PRIMEROS MIGRANTES

Siempre compartíamos con: los pajaritos, los picaflores, los mirlos, las tórtolas, los guiracchuros, los chirotes, las palomas, los shigres, las perdices, las golondrinas, en fin… Desde las cinco de la mañana ya madrugaban; el uno silbaba por un costado, el otro gorgeaba por el otro costado, el guiracchuro era un tenor marcaba las armonías, el mirlo era la batuta. Luego todos afinaban y coordinaban los sonidos para no fallar en la gran melodía de todos los días, hoy diríamos una gran sinfonía, así alegraban la gran campiña, previo a dar inicio a las labores.

Pero de pronto este gran ritual melodioso, paulatinamente bajó su intensidad, el ritmo ya no era el mismo, nadie quizá pocos se dieron cuenta que luego de las siembras; en medio de las cementeras, en los cercos o arrimados a las cortezas de los árboles murieron decenas y centenas de aves, las tórtolas agazapadas en las ramas de los árboles decían: ¡uuu…!, uuuu, ¡uuu…!, las palomas desde los techos de las casas gemían; murióooo…!, muriiioooo…! Era un genocidio; eran pocas especies que lograron sobrevivir o comieron pocas semillas de las siembras.

Es que gracias a las supuestas "donaciones" de los vecinos del norte o la compra por parte del Gobierno se introducen los abonos químicos, prácticamente las semillas fueron envenenadas con el pretexto que las tierras ya no producían como antes, la población ha crecido. Entonces se hace necesario aumentar la producción de semillas fertilizadas, los "Abonos" engrosan el producto. Este engaño; el mal hábito y la desobediencia a nuestros mayores al descartar los hábitos naturales (ancestrales), fue la causa fundamental y mortal era para provocar las enfermedades y muertes. De esta manera se provocó la salida sin retorno de nuestros primeros migrantes.

Las aves sobrevivientes en su lenguaje natural expresaron su rechazo a tremenda atrocidad; pasaron muchos días sin comer las semillas del campo, no se arriesgaron a morir como sus antecesores; todos se pusieron de acuerdo, todos coincidían en irse. Así resolvieron pasar su última noche en la campiña, su tristeza era evidente por ser muy pegados a la tierra, ¡su tierra…!

Por dónde irán…?: entre obscuro y claro; con silbidos y gorjeos como lenguaje natural lograban agruparse; todos cabizbajos, tristes; las palomas realizaban vuelos de casa en casa dispuestas a guiar al grupo; una pareja de mirlos ya regresaban de una inspección se pusieron delante del grupo; allí estaban algunos pajaritos, algunos picaflores (tal vez los más vulnerables) que revoloteaban el filo de la carretera, luego estaban las tórtolas, los chirotes, los shigres, los guiracchuros eran los buenos animadores, en fin…!, casi estaban todos, la decisión estaba tomada, la resolución de no fallar en los acuerdos; los guías irían a la cabeza, los más pequeños al medio, igualmente las perdices sus vuelos dejaban mucho que desear, más bien irían por un costado de la carretera muy ligeritas como cuando caminaban por lo potreros, en la retaguardia irían los más fuertes; los guiracchuros y chirotes tan solo acompañantes solidarios (es que los parques y avenidas de la ciudad no les servía, pues sus vuelos empinados y descensos a las cementeras eran muy rápidos).

Así partieron dejando su hábitat, dejando su tierra, dejando su hermosa campiña.

El adulto que contaba había logrado una gran atención de quienes escuchaban, luego uno de los oyentes dijo --, dejar la casa, dejar la tierra es duro, pero peor morir en la campiña al alimentarse de semillas envenenadas, las gallinas, los pavos y patos ya los encerraron para evitar sus muertes), la única opción era ponerles en cuarentena hasta que las semillas germinaran. Mientras los migrantes en grupo avanzaban por un costado de la vía, lo más difícil es cruzar el río, es que no podrían hacerlo por el puente, había muchos vehículos y transeúntes, prácticamente estaban a la entrada de la ciudad, aprovechaban que habían algunos árboles, los sobrevuelos de las palomas daban las pautas a los migrantes, ellas ya conocían la ciudad y por ende la ruta; ya estaban en los parques, allí les proporcionaban alimento, eran los niños y los mayores los caritativos proporcionaban migajitas de pan y las sobritas de arroz. Por ende, las palomas eran las llamadas a guiarles a los nuevos inquilinos de la ciudad.

Unos avanzaron por la avenida de entrada a la ciudad, tomaron un descanso, retozaron en el césped, se escondieron entre las flores y arboles ornamentales, ingiriendo algunas pepitas, algunas arenitas, picoteando algunas florcitas, tenían que experimentar otras formas de vida. Habían trascurrido algunas horas avanzando poco a poco, con cautela, saltando de rama en rama, de pronto vieron que algunos mirlos volaban largo, se posaron en algunos pinos y cipreses, algunos avanzaron a los parques, los más pequeños salta que salta avanzaron a la pileta, allí se refrescaron, tomaron algunos sorbos y con sus pequeñas alitas salpicaron el agua por su cuerpo, casi todos se concentraron en el parque, para sorpresa de muchos transeúntes que se percataron de su presencia, asombrados miraron como los picaflores en sus vuelos mágicos tomaban el néctar de las flores, mientras las palomas desde los alares de las casas muy complacidas miraban todas las acciones de las diferentes aves para sus adentros murmurarían, aquí estarían seguras, aquí se adaptarán muy bien.

Caía la tarde, todos buscarían un refugio seguro, todos debían ponerse a buen recaudo, las palomas de alguna manera tenían los alares, pero igualmente para las los recién llegados. Serían los árboles frondosos sus nuevos hogares, los pinos y ciprés serían los más recomendados, de ninguna manera debían quedarse en el piso, el riesgo era eminente varios gatos y perros callejeros los atraparían.

Los citadinos no se percataron de la llegada masiva de las aves, casi todos ignoraban la presencia de nuevos huéspedes, algo sabían de las palomas. Ya eran las seis de la tarde y como era costumbre empezaron a silbar y gorjear ya en lo alto de sus nuevos hogares, los unos y los otros recordaron su buena costumbre campera, luego se callaron. Sin duda después de tremenda jornada estaban cansados, entonces hincaron sus finas uñas en la corteza de las ramas, se agazaparon, relajaron sus cuellos sobre sus espaldas, con sus alitas cobijabas sus cuerpecitos y se dejaron vencer por Morfeo.

Al otro día; ya no a las cinco de la mañana si no a las cuatro y treinta con sus acostumbrados silbidos y gorjeos; de un lado y otro, por todos los costados, todos bien ubicados iban coordinado las notas de sus melodías, pues aquí y todos los días habrá serenata, la sinfónica despertará a sus vecinos A sus nuevos amigos los irán despertando paulatinamente. Estaban seguros que les agradará y de esta manera empezará la nueva convivencia, aquí vivirán, aquí crecerán, aquí se reproducirán, aquí echarán raíces, talvez sus crías podrán retornar algún día ……

Mientas en la campiña, al otro lado, de pronto, luego de varios días, los habitantes de la campiña descubrieron que se fueron, que ya no estaban, pensaron que todos murieron, que hubo una muerte colectiva y que todo desaparecieron. La situación era más compleja, a las cinco de la maman la tristeza inundaría la comarca ya no estarían los cantores, ya no habrá más sinfonías, todos se fueron y los vecinos se sintieron culpables, su arrepentimiento, era elocuente.

Las tardes sabrán que emigraron que se fueron a la ciudad, allí los nuevos cantores fueron bien vendidos.

Es por eso que nos conmovimos por la desaparición de los tambos, de sus amplios corredores de los lugares de las convivencias familiares

De alguna manera vamos tras la historia de nuestros referentes y así a través de la memoria colectiva contar las lindas historias de nuestro patrimonio.

UN PUEBLO QUE PIERDE SU HISTORIA

Muy real; un pueblo que pierde sus historias pone en riesgo su identificación, los pueblos entran en agonía y pueden desaparecer; en muchos casos pueden quedar sus edificaciones, sus calles, aunque sus habitantes lo transiten e incluso su bolsillo pueden estar llenos de dólares; su identificación se debilita cuando no hay un sustento histórico, es necesario que reconozcamos nuestros ancestros y el territorio como espacio de convivencia.

EL ABUELO

Conocido como el generador de respeto y ternura, el gran referente y el depositario de las memorias de un pueblo; ellos vivieron y vivirán para contar las historias de un pasado fabuloso en la lucha por la vida y la dignidad.

MI DON

Con sus bastones; todavía erguido con su vestuario de respeto su leva de casimir inglés, con su chaleco y su sombrero borsalino de falda angosta, llamó a sus descendientes y dijo cuanto me alegro de verlos siempre en convivencia, ver corretear a los niños, como me deleito de sus risas, su bullicio son la armonía de una canción agradable. Es necesario les dijó --: que ustedes disfruten de estos momentos mágicos, saludables, sin muchas tecnologías, nosotros disfrutamos sembrando las tierras, sembrando y cosechando, alimentándonos sanamente, es un regalo de la madre tierra prácticamente conservamos la excelencia de la vida… la supuesta modernidad nos convertirá en personas vacías.

LAS SANTAS MISIONES

Mi padre católico, madre apostólica y romana, todos éramos creyentes convencidos de la existencia de Dios, así nacimos, así crecimos. Pero de pronto la Santa Madre Iglesia los curitas y monjitas, los ministros de Dios. Notaron algo raro en la concurrencia a la santa misa, iban notando que algunos herejes que no cumplían con las disposiciones, decían que en la política algo estaba pasando que los conservadores los curuchupas) partido de la lista "1" aliada con dios perdían espacio frente al arrebato de (los liberales aliados con satanás)

Incluso iban asomando los llamados socialistas y comunistas que verdaderamente eran los mismos demonios. Válgame Dios. Algo hay que hacer de urgencia. ---!

El día domingo en misa de las 12 en el famoso pulpito el padrecito, lanzo la gran resolución de la santa madre iglesia, en un llamado elocuente, con una voz de trueno dijo; la disposición de la iglesia, - todos estamos en la obligación de aceptar y ser partícipes de las santas misiones. Escucharan decía, tanto en el sector urbano y más aún en el sector rural, que medios brutos son, deberían entender que lo que diga el ministro de Dios es ley son órdenes que por la Fé a nuestro señor Jesucristo deberían cumplirse lo dispuesto por la Iglesia.

Entenderán bien que de aquí en 15 días deberá empezar las santas misiones, entonces a pasar la voz para prepararse y no olviden que Dios así lo dispone. (En el mismo instante tenían que inscribir dese ya a los responsables del sector rural). En efecto se hicieron las convocatorias respectivas; niños, jóvenes, adultos, todos tenían la obligación de participar, cuenta mi Don; yo obligatoriamente debo ceder las instalaciones del tambo para las reuniones de la organización y resoluciones:

La comisión de hacer los arcos para el día del arribo del sacerdote a la comunidad (a 200 metros de distancia y 4 metros de altura)

Los materiales serían de cipreses y pino adornados con flores, de ancho serian de unos 6 metros.

-Los niños de 8 años en adelante ese día del arribo del sacerdote con su comisión deberán arrojar constantemente las flores y deberán estar bien vestidos.

-La comisión de los directivos acompañados de bonitas mujeres deberá concurrir a la carretera vía a Riobamba, esto es el 20 de marzo, se debe estar con anticipación, a lo mejor estén llegando a la una de la tarde según la información; venía en un carrito antiguo, en el vienen algunos curitas que van a otros lugares.

-En la reunión plena se acordó un aporte de dinero y los que no podían entregarán gallinas, huevos, leche durante los 8 días que duran las santas misiones para la alimentación del padrecito.

Igualmente se escogió a las cocineras y las de servicio, el caso de la atención y arreglo de las habitaciones del padrecito, se designó a la señorita más elegante (solo ella podrá entrar al dormitorio), tendrá que arreglar su cama, poner tapetes en los veladores, el mantel en la mesita de la noche, allí estará el misal, la santa eucarística, el copón, el vino consagrado y la cajita de unas 500 hostias, en el armario se guardarán las sotanas y túnicas para la santa misa.

Casi todo dispuesto, a la espera de este grandioso día, ya en las vísperas era un movimiento inusual; asear su casa, arreglar sus mejores vestimentas, bañarse con tiempo.

Compartir con el padrecito por 8 días será una experiencia inolvidable, algunos trabajos en la comunidad serán suspendidos o se acoplarán al horario lo que, disponga el reverendo.

Para las vísperas se convocarán a la gran minga, para adecentar los caminos.

Hasta que llegó el día, muy por la mañana empezaron a reunirse en el tambo de las cuatro esquinas, mi Don pidió que todos vayamos al encuentro, que todos nos concentremos en la carretera, igualmente dispuso que algunas mujeres se ubicaran en los arcos con canastos de flores para dar mucha solemnidad al acto. Luego les dijo no se olvidarán de echar vivas y aplausos al ilustre visitante.

Eran las 12 del día; la gran comitiva ya se había constituído, estaban impacientes en la vuelta del pozo, de pronto alguien divisó que se acercaba un carrito pequeño, muy entusiasta dió la voz de alarma. En efecto se bajó el sacerdote del auto. Hera alto blanco muy frentón (dijo algo a los acompañantes del viaje)

Pidió que le entregaran su maleta y el cartón pequeño que contenía lo sagrado para las celebraciones religiosas, se acercaron muy comedidos y respetuosos; los directivos, hicieron una reverencia, una sonrisa amplia del sacerdote sería el saludo a todos, algunos directivos lograron darle la mano, bienvenido reverendo, buenas tardes padrecito. Uno de ellos tuvo el honor de llevarle la maleta, otro se hizo cargo del cartoncito "santo", en todo caso sería mi Don, quien oficialmente le dé la bienvenida.

Bien venido reverendo tenemos un caballo, pese que estamos a unos 15000 metros, el sacerdote sonriéndoles les dijo muchas gracias, sería bueno extender las piernas mejor, caminemos.

Mi Don a la diestra, otros lograron ponerse a la siniestra pues los apenas tres metros de ancho del camino impedía más acompañantes en la primera fila los demás se ubicaron atrás, a cada instante el padrecito acariciaba las cabecitas de los niños, palmoteaba a los adultos, acariciaba los rostros de algunas mujeres, les preguntaban cuáles eran sus nombres. Luego les decía ya nos iremos conociendo en el tiempo que pasaremos juntos, así llagaron a los primeros arcos todo alborozados echaron flores y gritaban echando vivas, viva, viva el padrecito--- ¡viva las santas misiones---! en medio de tanta euforia pasaron por los cuatro arcos para llegar a las cuatro esquinas, allí con las manos indicaron al padrecito los corredores del tambo, allí estaban unas sillas (una especial), cubierta con una alfombra, era para el padrecito, luego unas bancas.

Luego mi Don tomaría la palabra permíteme padre Reverendo; a nombre del sector dar la bienvenida, que la estadía sea para usted de lo mejor, todos estamos resueltos a colaborar en todo por la fé, luego el Reverendo dijo--, quiero saludarles en nombre de la Diosesis de Riobamba, Guaranda como saben pertenece a Riobamba, el saludo también en mi nombre; soy el padre Juan José Perea, soy Español, pero en Ecuador estoy casi 20 años vosotros dijo parecéis buenas personas, pero seréis mejor si obedecen los mandatos divinos, ustedes comprenderán estamos un poquito cansados, pero mañana será otro día, os aseguro. De un costado de su pecho saco una hojita doblada-, por favor, que alguien de lectura a la programación Mi Don lo hizo personalmente señores señoras, jóvenes y niños daré lectura a las programaciones de los 8 días de las santas misiones.

Dia lunes 21 de marzo del presente mes y año.

Todos los días a partir de las seis y treinta de la mañana la santa misa, a las 8:30 desayuno del Reverendo a continuación exhibición y venta de suminares (cruces, rosarios, catecismos, medallas), son los recuerdos de las santas misiones, 12 del día almuerzo del sacerdote; 3 de la tarde, reunión con los padres de los niños para el catecismo y preparación para las primeras comuniones del día domingo próximo, a las seis de la tarde merienda del Reverendo; a las 6:45 se llevará a cabo las confesiones (obligatorias), las 7:45 las convivencias con diferentes temáticas.

Prácticamente esta sería la programación para todos los días hasta el sábado.

¿Mi Don dijo --; sigo leyendo padrecito? El Reverendo--, continúe por favor. Es más, la copia de este documento estará exhibiéndose todos los días en la en la entrada del tambo.

LOS TEMAS PARA LA CONVIVENCIA SON:

lunes 21 la obediencia de la familia a Dios

Martes 22 los jóvenes futuros soldados de Cristo

Miércoles 23 el adulterio.

Jueves 24 las santas primicias

Viernes 25 los padres, los hijos, los ejemplos.

Sábado 26 el mismo horario de los días anteriores hasta las tres de la tarde a esa hora empezarán las confesiones de los niños de la primera comunión.

A las 6 de tarde la merienda del sacerdote

A las 7 y 30 el santo rosario.

A las 8 y 30 confesiones generales.

Domingo 27 a las 6 de la amañan el rosario de la Aurora.

A las 8 de la mañana desayuno del sacerdote.

A las 10 de la amañan la santa misa especial, celebración de las primeras comuniones.

A las 11 y 30 bendición general de nuestros productos: maíz, papas, trigo, cebada, arveja (todos deben traer muestras de sus productos).

Y algunos aminales, claro están que deben contribuir con las limosnas porque así Dios lo dispuso.

A las 12 horas almuerzo especial con la participación de los directivos en la despedida del Reverendo. Las expresiones de los logros y el acrecentamiento de la fé se manifiesta en los rostros, la alegría y las emociones afloran. El sacerdote manifiesta que esta por demás satisfecho por los logros alcanzados, nunca olvidaré de esta experiencia y Dios siempre les protegerá.

A la 1 de la tarde, todos estaban dispuestos a unirse a la caravana de despedida del sacerdote, quien a caballo encabeza su salida del sector hacia el centro de la ciudad.

Todos emocionados, casi tristes, todos agradecidos de la gran labor del padrecito para concientizar a los habitantes del sector, todos comentaban que buenos los seremones, que verbo del curita, que al más incrédulo le movía la conciencia, las mujeres hasta lloraban escuchándole al curita. Es más, decían-, vísperas de semana santa, cayo como anillo al dedo.

LA SEMANA SANTA

Todos comentaban, como pasa el tiempo, así de rápido ya estamos en domingo de ramos. En el inicio de la semana mayor (es que este día era muy especial, todos recordaban "la gran creciente de ramos), el concurrir con las palmas de ramos a la misa, para al retorno confeccionar las cruces benditas para ponerlas en las puertas, en los pilares y en las cementeras para protección de las tremendas crecientes que en esta fecha ya era una tradición.

A partir del lunes para todos ya era muy conocido el horario de la misa, de confesiones, las obligaciones de abstinencias, era impredecibles asistir a los sermones de todos los días, pero en especial el de las 7 palabras, al lavatorio de los pies, las tres palabras. Luego vendrían los días de ayuno y recogimiento.

Así llegábamos al sábado de Gloria, en el sector rural todos concurrían a las primeras misas.

Prácticamente todos o casi todos han cumplido con lo dispuesto por la santa madre iglesia, los ayunos obligatorios, rememorando cuando Jesús ayunaba en el huerto de los olivos, todos tenían que obligadamente ayunar, aunque no faltaban los quebrantos que sabiamente los hacían los niños, que previamente de los armarios con mucha antelación tomaban los panes de jueves santo para satisfacer sus hambres de entre el día.

Como olvidar nuestras costumbres gastronómicas, era una falta gravísima, algunos decían casi un pecado por lo menos venial.

LA GRAN FANESCA.

En esos tiempos el buen número de integrantes de las familias (6 hasta 12 hijos o más), era motivo de orgullo. La abuela era la gran motivadora para reunir a los familiares, todos hasta el más pequeño concurrían para meter la mano en todos los menesteres, para desgranar los granos tiernos, esto de preparar la fanesca era cosa seria. Si no había granos tiernos había que concurrir a los mercados para adquirirlos, igualmente la selección de los 12 granos secos a esto se debía agregar algunas libras del pescado seco que debía ser el gran bacalao. La lechera ese día, no llevaba a la venta, todo era para la fanesca y para el zapallo de leche.

Hasta la olla era especial (de 20 litros de hierro enlozado) grande, ¡grande…!, todo casi todo listo para empezar; seria la abuela, seria sus manos sabias, sus conocimientos ancestrales la encargada de la mescla de los granos, ¡los tiempos--! obviamente partiendo del gran refrito en pura leche. Todo a la hora prevista, todo a punto para luego con la mama cuchara Ir revoloteando los granos, se tocaban a cada instante para ver su grado de cocción para al final introducir los sazonadores, los secretos y determinar si ya estaba listo.

Luego vendría el reparto de la fanesca; la gran convivencia comunitaria, mi Don disponía a su esposa a fin de que se entregue 12 viandas de fanesca a las familias más pobres del sector en conmemoración de los buenos actos de los 12 apóstoles que acompañaron a nuestro señor Jesucristo. Luego se tomaba encuentra la presencia de todos los hijos, de todos los familiares, toda la familia unida para servirse la sabrosa fanesca.

A eso de las 3 de la tarde empezaría el amasijo del pan especial de jueves santo (previamente ya se puso a leudar la masa), era la linda costumbre de que todos colaboraban, entre conversas y conversas. Los hombres se encargarían del horno, mientras las mujeres daban forma a los panes grandes de dulce, otras ponían las grageas, como decían, van a salir deliciosos, en puro huevo y manteca de chancho; todos reunidos, todos a la expectativa de la salida de los primeros panes, todo un acontecimiento---!

LAS PASCUAS

Una vez concluida toda una semana de recogimientos, de culto, de abstinencia llagaría el domingo de pascua, motivo más que suficiente para la diversión y gozo. Pero en el Tambo los festejos empezarían al rayar la aurora, los padres con sus hijos concurrieron al lugar para pedirle un favor; que mi Doncito pascuara a sus hijos-, por dios mismo da pascuando. A estos guambras que muy malcriados están. Este mismo ya algunos fines de semana viene borracho, este otro ni un día fue a misa de semana santa, hasta el más chiquito no obedece a su mamá. Mi Don indudablemente tenía todos los perfiles de un gran señor, muy conocido, muy respetado por ser un gran caballero pues del costado de su cama, justo allí guardaba el cabresto, el "famoso San Martin", el que corregía los errores de los guambras y les hacía reflexionar para emendar los errores, el enderezador y corregidor para hacerlo hombres de bien (en ese entonces no había psicólogos); abraza el pilar hijito decía; uno para que medites, otro para el cambio y tres para que seas feliz, lo mismo que decir; padre hijo y espíritu santo. Cumplida la labor luego del sollozó de los castigados, todos pasarían a tomar unas agüitas de canela con un buen pan. Varias horas duraba la labor de sanación moral, luego vendría los festejos familiares, en el tambo de alguna manera las posibilidades económicas permitían servirse un gran banquete campestre, los cuyes asados en el horno que con su olor inundaba el ambiente, igualmente las papas enteras que dejaba escapar un vapor agradable, que decir de la gran zarza de maní y pan. Para rematar con el gran caldo de gallina de campo. Es que las pascuas eran una fiesta de gran convivencia familiar.

LAS COSECHAS.

El tiempo ha transcurrido, las lluvias han empezado su retirada, en el horizonte al filo de la cordillera se nota el cambio del clima que poco a poco darán paso a la llegada de los vientos, la campiñía toma un maíz anaranjado, vendrán la cosecha de los choclos, de humitas, de colada de choclos, choclo frito con carne asada, prácticamente tiempo de abundancia, lo que decían los mayores " lo que se siembra se cosecha" luego vendrá las habas, las arvejas, la lenteja, en las partes altas las papas de verano, los cariuchos al filo de la cementera (la papitas hervidas de la mata a la olla con zarcita de cebolla; son gustitos tradicionales, luego los mellocos, las ocas. Es que la naturaleza respetada proporciona excelentes productos para el buen vivir. Ya estamos en julio y se viene los cortes de trigo y cebada, sus traslados y la hecha de las parvas en las famosas eras, son varios días de faenas muy sacrificadas, luego vendrán las trillas a caballo en dos jornadas, necesitaban 8 caballos. Todo un acontecimiento, una gran organización; los jornaleros suficientes, su alimentación (muy especial para su rendimiento de 8 horas de jornal), sus almuerzos eran por lo menos dos de sal y dos platos de desabrido (alimentación de puro grano).
Las recordadas cosechas con 60 jornaleros cortando el trigo (3 hectáreas), luego la cebada. Los rayos del sol daban un matiz elegante, dorado; luego se cosecharía las arvejas y lentejas. Todo se concentraba en la gran "era" de unos 500 metros cuadrados.

LAS CHALIDORAS

La noticia de las cosechas se regaba por todo lado, es así como iban llegando las chalidoras que daban un toque simpático, colgando grandes shigras de varios colores que cruzaban por sus cuellos y daban hasta las rodillas, iban recogiendo las espiguitas gruesas que al cortar los jornaleros quedaban en los rastrojos, unos días le tocó las cementeras de trigo, luego serían las cementeras de cebada, ya que en la tarde en sus casas hacían la "Maqui Machica" esta labor lo hacían moliendo en la piedra grande o la hembra y con la otra o el macho frotaban hasta obtener la harina, estas buenos mujeres eran las esposas de los jornaleros, eran algunas adultas mayores y niñas igualmente, venían chalidoras de otras partes.

LAS PARVAS

Habían trabajadores muy hábiles que lograban dar la forma de grandes chozas de 3 y 4 metros de alto; paulatinamente con las cargas de trigo que iban llegando daban la forma pintoresca, el hacedor se sentía muy feliz en lo alto de las parvas, en muchos de los casos se utilizaban escaleras para subir las cargas, al final se pondría lo que ellos llamaban la tapa, para proteger del viento o de repente algunos paramos (lluvia leves).tiempo aquellos de mucha abundancia, de mucha tranquilidad, había mucha holgura económica.

LAS TRILLAS

para estos menesteres, era importante madrugar, el trillador entre oscuro y claro ya estaba unciendo los caballos; 4 adelante y cuatro atrás es decir eran dos parejas de trilladores, mientras otros adecentaban el área para la trilla, un círculo de unos 10 metros de diámetro

Entonces serían los silbos y las hurras de los trilladores que bien agarrados de los cabos de la unión de los caballos y muy bien sincronizados desde el centro del círculo empezaban hacer girar a las bestias para que con sus enormes cascos vayan desgranando las espigas; cada cierto tiempo los "arqueros", iban removiendo la paja, no faltaban los pajeros que con sus orquetas empujaban el tamo hacia un costado para que los parveros armaran las parvas de paja que era el alimentos para el ganado en la época de invierno.

Han transcurrido unas cuatro horas de trilla, era necesario parar la trilla para que intervenga las aventadoras que trasladaban el grano en sacos hacia otra era para mediante la aventada sacar las impurezas, de allí lo trasladaban a la bodega para en los días posteriores realizar el secado. Luego mi Don ordenada la segunda parada que en muchos de los casos les cogían la noche, igualmente otro día habrá de seguir con el mismo proceso.

Luego del gran secado todo estaba listo, llegaba el momento del ensacado, unos para la venta, para semilla, para las harinas y consumo. Igualmente llegaban los primicieros que en nombre de Dios solicitaban las santas primicias (no caben duda, que ser primicieros era un gran negocio), pero mi Don contribuía, el trabajo y Dios decía --; da para todos.

LOS DESOJES

Luego de la venta de los choclos se reservaban algunas sementeras para la cosecha del maíz, el blanco, los morochos y el negro. Este proceso de secar en la mata la mazorca era la bonita y entretenida labor del desoje (algunos tenían la costumbre de decir que en el desoje brindan el cuy asado), entre conversa y conversa con un clavito sacaban los cutules, lo abrían para sacar a la mazorca para luego en sacos trasladarlo a los corredores para el desgranado, que igualmente concentraba a toda la familia incluido, los niños, a partir de las cuatro de la tarde hasta las 10 de la noche y con la condición de que las manos haciendo y la boca hablando; contando historias, cuentos y conversaciones iban llenando los sacos para trasladarlo a las bodegas, para en los días posteriores ir al proceso del secado.

LOS GUALOS

Todos los desgranadores de los montones de mazorcas escogían los choclos casi secos, una empleada era la encargada de desgranarlos y llevarlos a la cocina para en los tiestos tostarlos, añadir sal y cebolla para junto a la carne frita repartir en platillos a los desgranadores, luego un buen jarro de café pasado constituía la buena merienda.

Terminadas las buenas cosechas llegan las decisiones de la venta, una cantidad de los granos se guardan en los soberados; se armaban los trojes y de allí se irán tomando para el consumo de todo el año. En esas épocas la alimentación era en base a los granos; se hacían las harinas, de trigo, de cebada, de arveja y de haba. Entonces la alimentación era variada; las famosas coladas, las tortillas, el pan de casa, las menestras y de vez en cuando los potajes; los cuyes, las gallinas al horno, el pele de chanco para sacar la manteca para todo el año, de vez en cuando un borreguito para los asados y de las tripas el gran yaguarlocro.

Esta tierra nuestra; agrícola por excelencia lo reconocían a nivel nacional como el granero de la patria, es que nosotros les enseñábamos a los ñaños monos a comer las menestras, nosotros les llevábamos los buenos granos, las buenas harinas, las buenas papas, las cebollas, en todo caso si eran agradecidos. Tiempos aquellos.

Vale decir que nuestros tambos eran verdaderos centros de producción, no eran haciendas, sus extensiones eran de 8 a 10 hectáreas, pero lo grandioso era la ubicación estratégica, en el cruce de los caminos. Surgieron entonces los emprendimientos, comerciantes activaban la economía, llevaban productos de la sierra y traían de la costa igualmente.

Hoy prácticamente añoramos las grandes concurrencias, los festejos, las fiestas de los santos, las romerías.

¡El horno del tambo cobro mucha fama, en los finados los vecinos cogían turnos para la hecha del pan y los cuyes al horno, igualmente concurrían al juego del boliche y los cocos, allí se vendían el buen trago para animar los festejos, en fin…!

LAS OFRENDAS

Allí en el tambo se hacían las ofrendas, en una mesa grande se tendía un mantel blanco, se ponían algunas prendas del finado, al contorno se ponían algunas velas, algunas tazas de colada morada, un paquete de Tabaco ful blanco, una caja de fósforos, antes de ir a dormirse todos rezaban por el alma de los difuntos, todos tenían fé que en esa noche vendría su almita para compartir con sus seres queridos.

LOS RESPONSOS

Siempre los curitas motivaban las festividades, era casi una obligación concurrían a los cementerios, el sacerdote decía; no se olviden que nosotros estaremos en el centro junto a la cruz antigua, allí rezaremos los responsos, traigan sueltitos, decían---.
Prácticamente el cementerio estaba lleno, la cola para los que darían los responsos era grande, no faltaban los campesinos e indígenas, allí estaba Rafael pagando por un responso para su padre Segundo fallecido hace un mes, el curita con la diestra en alto y rápidamente decía; por quien, ¿por quién? Él dijo por Rafael, se equivocó que debían dar el responso por su padre Segundo. Muchos amigos se le rieron y mofaron indicando que el mismo se había dado el responso, pero él dijo, o bueno, no hade hacer daño. Pero en el tambo ya se divulgó la noticia.
Así de atractivos eran los tambos, lindas convivencias tiempos idos…

EN EL SECTOR URBANO

No hay duda de los tiempos pasados en el sector urbano decíamos, buenos atardeceres en las románticas casas grandes, en sus corredores, las tertulias llenas de anécdotas, del convivir diario a nivel local y nacional. Es que los vecinos de la plaza central de alguna manera eran los responsables directores de la administración Provincial era su responsabilidad asegurar su candidatura para el gran simulacro de las elecciones, asegurar el triunfo, claro está, siempre aliados con la iglesia, ellos serían las nuevas autoridades que velarían por el bienestar ciudadano. Serían los responsables de la efemérides provincial, ellos harían el gran esfuerzo para que vengan las autoridades nacionales y si venían ya era un gran logro.

LOS PASES DEL NIÑO

Estas tradiciones se remontan a muchos años atrás cuando la fé movía montañas, la religión era la parte fundamental para las decisiones, las acciones de cualquier índole eran previa a la consulta de la iglesia para la realización de los pases del niño tenía que inscribirse previamente, un día se les concedía a los jardines de las escuelitas, otro día a los fundadores con sus priostes.

Estas festividades se volvían en una verdadera competencia por la fé, el entusiasmo determinaba realizar el pase con personajes en vivo, allí estaban las buenas decisiones para elegir a la virgen, a San José, el burrito debían está bien ataviado, pues el llevaba nada más y nada menos que a la virgen y al niño divino, atrás iban los pastores con sus ovejitas, luego los reyes magos a caballo, a continuación, los acompañantes que con pandereta en mano no se cansaban de cantar los villancicos. Prácticamente sus vestuarios, las flores y serpentinas creaban un ambiente muy colorido de la gran fiesta religiosa.

Al día siguiente participarían los fundadores con sus acompañantes, estos grupos se ubican en los barrios y el sector rural. Para ellos era una gran competencia, a más de estar presentes, la virgen, los pastores, los reyes magos, también estaban grupos de danza, banda de músicos. Esta gran comparsa daba un toque especial prácticamente cada grupo ocupaba unas dos cuadras, casi una cuadra estaba reservada para el anda del divino niño y las cintas de colores que se extendían para los priostes, una gran fiesta popular de mucha fé, los priostes concurrían a la casa del fundador desde el día anterior a la velación del niño, prácticamente él era una persona muy pudiente para sufragar con los gastos, claro amparados con las jochas que obligadamente entregaban los priostes, al recibir las donaciones era obligación ofrecer unas copitas de agradecimientos, igualmente debían reventar una volatería, mientras el fundador no se cansaba de pedir de favor; les ruego vecinitos que todos estemos unidos, que todos concurramos a la iglesia igualmente todos regresamos en grupo, les ruego por Dios mismo, en la casita no ha de faltar cualquier pobreza, por Dios mismo…

No cabe duda que en estos días la ciudad toma un matiz especial, muy alegre, gran derroche de alegría, las calles se pintan de varios colores con los pétalos de las rosas y serpentinas, claro que hoy en día también se festeja, pero no como antes. En aquellos tiempos pasados había mucha abundancia como decían los muy creyentes, primero la fé y la devoción, ante todo.

LOS INOCENTES Y REMEDONES

Pasada la noche buena, vendría la gran temporada de inocentes y remedones, aspectos, que se direccionan a crear el ambiente jocoso, alegre y satírico. En esta época estos personajes cobran vida, iban ideando sus vestuarios, de igual manera la parte artística de las actuaciones en el remedo de los diferentes roles.

Todo eran en base a la sorpresa, esa era la característica de la inocentada; así por ejemplo algún transeúnte descuidado --; mire el sol esta de color verde, el inocentado miraba asombrado mientras el gran artista se carcajeaba, jajaja……

Por inocente…!

Tal era las inocentadas que en los pueblos pequeños eran noticias bomba. ¿Vaya a ver cuándo estos juglares recorrían las plazas y las calles tomaban por sorpresa a los transeúntes para decirles, les cuento amigo que el gobernado ha renunciado, sabia esto? ¿Será verdad? Si mi amigo, luego jajajajaj…. por inocente…

Por lo general estas bromas creaban un ambiente jocoso y de expectativa

Pasado el mediodía se daría paso a los remedones. No faltaba más … eran los jóvenes y también personas adultas que año tras año tomaban la decisión de remedar, para lo cual realizaban un seguimiento minucioso sea hombre o mujer, tenía que tomarse en cuenta el mínimo detalle de los gestos, la voz, la forma de caminar y su vestimenta. Todos estos elementos eran el éxito del remedón, en la mayoría de los casos eran colegiales, los profesores o las autoridades (estos remedos de alguna manera eran sátiras de tinte político), en algunas ocasiones tenían matices de denuncias. En una ocasión le remedaron al profesor de matemáticas al que la ciudadanía lo apodaban como el "cuco" para lo cual el remendón cuenta que, al profe, le siguió casi noche y día (15 días,) e incluso para en el propio día, el remedón se buscó a varios alumnos de él. ¿Luego del recorrido por las plazas y calles; yo soy el "cuco" es que no me conocen? Me han dicho que soy el "cuco" sepan que no necesito ningún regalo para que pasen el año, conmigo pierden el año por que pierden y punto…

El ambiente festivo iba creciendo año tras año, lo que motivo para que el alcalde dispusiera la realización de los famosos "festivales" de inocentes y remedones.

Era de ver como los niños disfrutaban corriendo tras de los payasos y a su vez huyendo de ellos (cabe destacar que algunas familias para esta época surtían sus tiendas de caretas, y vestimentas de payaso y varias vestimentas para la época.)

Hoy haciendo memoria, parándonos en una esquina; retumbaba el eco de "payasito, payazón" en la esquina de la estación, dame pronto la lección, tu mamita sin calzón, esto molestaba a los payasitos. Que con chorizo en mano perseguían a los chicos calle abajo, calle arriba, vayan a ver si aguantaban un chorizaso era prácticamente seguro un chibolo en la cabeza.

Estos buenos festejos se han perdido prácticamente; han caído en el olvido, hoy nos queda el recuerdo de aquellos tiempos, ¡buenos tiempos…!

LOS AÑOS VIEJOS

Luego vendrían los años viejos, la despedida del año era motivo suficiente, lo que, es más, promovían las reuniones y relaciones con los del barrio, se fortalecían la convivencia familiar.

La tradición de aquella época era reunirse todos los jóvenes del barrio muy por la mañana, para con machetes en mano ir a los bosques circundantes a cortar ramas de eucalipto, luego arrastrarles hasta la esquina del barrio para armar la casa del viejo, mientras el resto de chicos confeccionaban muñecos y viejos de acuerdo al tema aprobado en la noche anterior.

En estos años se quemarían a los miembros del gobierno impopular, a las autoridades, que no cumplieron con una buena administración, lo importante era el festejo, claro está que los premios del concurso también estaban muy atractivos. Para llamar la atención las viudas ya hacían su aparición muy bien ataviadas, mostrándonos sus partes sensuales, ¿repartiendo abrazos y besos, mostrando sus pancitas como les dejo el desgraciado…, todo está dulzura y amor fingido a cambio de …..?. Las horas avanzan, la comisión del testamento ultima detalle de su contenido, la rima popular es fundamental igualmente la jocosidad de las herencias y sus repartos, creaban grandes expectativas que en los momentos de la lectura todos estallaban en grandes risotadas y aplausos. Luego vendría la parte emocional donde aflora el sentimiento; se miraba el reloj, todos a la expectativa de la 12 ultimas campanadas que marcan el fin del año, para dar inicio al año nuevo, los abrazos van y vienen, unos alegres y otros muy tristes, pero así es la vida; de todo hay en la viña del señor. Lo importante es la fé y la esperanza para con fuerza de carácter continuar viviendo.

LOS SANTOS REYES

Diríamos que la iglesia en esa época marcaba la tendencia de mucha fé, de los acontecimientos bíblicos, establecían grandes celebraciones, así determinaron los Santos Reyes Magos. En algunas ciudades se tornaron muy tradicionales con una representación de personajes históricos de aquellas épocas romanas y judías, estas festividades nos establecieron los conquistadores, para robustecer la fé y crear ciertos sometimientos y respeto hacia los españoles. Luego de terminada la colonia, ya en la vida republicana los pueblos liberados establecieron algunos cambios, más bien en términos satíricos contra los conquistadores. Vale decir que estos festejos y tradiciones se tornaron en actos culturales y artísticos de identidad. Hoy por ciertas influencias foráneas han tenido que desaparecer, pero gracias a la memoria colectiva se van rescatando. Que buenos sería que nuestras autoridades que tienen que ver con estos procesos culturales y artísticos se empeñen en el rescate y fomento, entendiendo que los pueblos tenemos el derecho a una cultural viva y de territorio.

Por eso decimos ¡"cualquier tiempo pasado fue mejor" …!

Printed by Books on Demand GmbH, Norderstedt / Germany